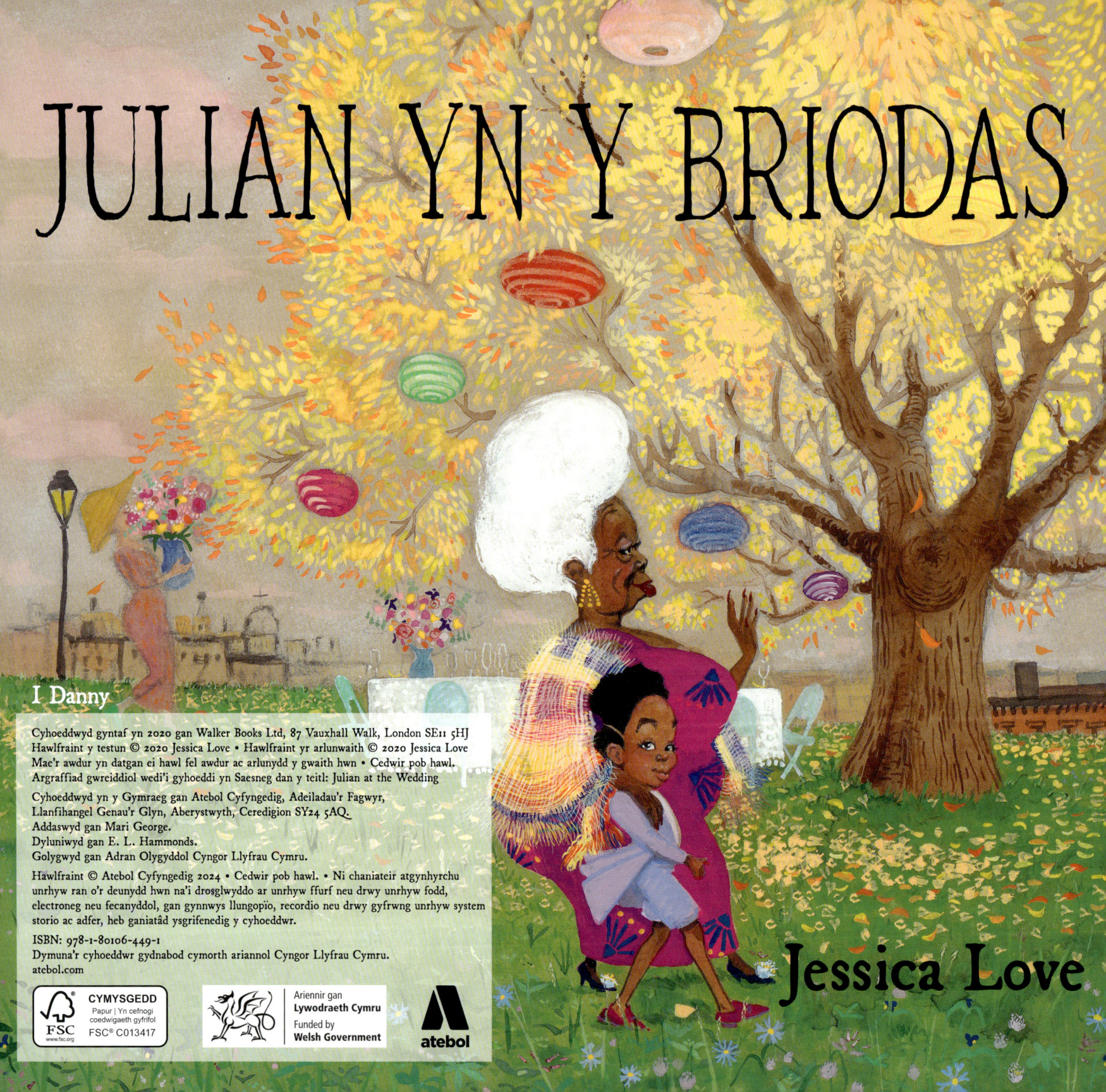

JULIAN YN Y BRIODAS

Jessica Love

I Danny

Cyhoeddwyd gyntaf yn 2020 gan Walker Books Ltd, 87 Vauxhall Walk, London SE11 5HJ
Hawlfraint y testun © 2020 Jessica Love • Hawlfraint yr arlunwaith © 2020 Jessica Love
Mae'r awdur yn datgan ei hawl fel awdur ac arlunydd y gwaith hwn • Cedwir pob hawl.
Argraffiad gwreiddiol wedi'i gyhoeddi yn Saesneg dan y teitl: Julian at the Wedding

Cyhoeddwyd yn y Gymraeg gan Atebol Cyfyngedig, Adeiladau'r Fagwyr,
Llanfihangel Genau'r Glyn, Aberystwyth, Ceredigion SY24 5AQ.
Addaswyd gan Mari George.
Dyluniwyd gan E. L. Hammonds.
Golygwyd gan Adran Olygyddol Cyngor Llyfrau Cymru.

Hawlfraint © Atebol Cyfyngedig 2024 • Cedwir pob hawl. • Ni chaniateir atgynhyrchu
unrhyw ran o'r deunydd hwn na'i drosglwyddo ar unrhyw ffurf neu drwy unrhyw fodd,
electroneg neu fecanyddol, gan gynnwys llungopïo, recordio neu drwy gyfrwng unrhyw system
storio ac adfer, heb ganiatâd ysgrifenedig y cyhoeddwr.

ISBN: 978-1-80106-449-1
Dymuna'r cyhoeddwr gydnabod cymorth ariannol Cyngor Llyfrau Cymru.
atebol.com

FSC CYMYSGEDD Papur | Yn cefnogi coedwigaeth gyfrifol FSC® C013417 www.fsc.org

Ariennir gan Lywodraeth Cymru
Funded by Welsh Government

atebol

Dyma Julian.

A dyma Marisol.

Heddiw maen nhw mewn priodas.

Dyma'r ddwy briodferch a'u ci nhw, Gloria.

Parti i ddathlu cariad yw priodas.

"Gad i ni fynd," mae Marisol yn sibrwd.

"Tŷ tylwyth teg yw hwn," mae Julian yn sibrwd.

"Marisol?"

"O, diar."

"O, na!"

Mae Julian yn cael syniad ...

"Dwi wedi baeddu fy nillad."

"Do, cariad, ond nawr mae gen ti adenydd!"

"Dyma chi!"

Wedyn roedd pawb yn dawnsio.

Parti i ddathlu cariad yw priodas.

Ariennir gan **Lywodraeth Cymru**
Funded by **Welsh Government**

PLETHU POBL DRWY LYFRAU

ISBN 978-1-80106-449-1
9 781801 064491
£7.99   atebol.com